MINISTÈRE DE LA MARINE ET DES COLONIES

N° 5068 de la Nomenclature des Documents.

DÉCRET

SUR

LA COMPOSITION DES RATIONS

DANS

LE DÉPARTEMENT DE LA MARINE

12 JUILLET 1880

PARIS

CHALLAMEL AINÉ, ÉDITEUR

LIBRAIRIE MARITIME ET COLONIALE

5, rue Jacob, et rue Furstenberg, 2.

1887

MINISTÈRE DE LA MARINE ET DES COLONIES

DÉCRET

SUR

LA COMPOSITION DES RATIONS

DANS

LE DÉPARTEMENT DE LA MARINE

12 JUILLET 1880

PARIS

CHALLAMEL AÎNÉ, ÉDITEUR

LIBRAIRIE MARITIME ET COLONIALE

5, rue Jacob, et rue Furstenberg, 2.

1887

Paris, le 19 juillet 1880.

LE MINISTRE DE LA MARINE ET DES COLONIES,

à MM. les Vice-Amiraux commandant en chef, Préfets maritimes, Officiers généraux, supérieurs et autres, commandant à la mer ; Commandant de la Marine à Alger ; Gouverneurs et commandants des Colonies ; Chefs du service de la Marine dans les ports secondaires ; Directeurs des établissements de la Marine hors des ports ; Commissaires de l'inscription maritime.

MESSIEURS, *vous recevrez prochainement un certain nombre d'exemplaires du décret, en date du 12 juillet courant, qui est destiné à remplacer, à compter du 1er août prochain, le décret du 16 décembre 1874 sur la composition des rations dans le département de la Marine.*

Le nouveau décret consacre définitivement les diverses mesures qui ont été adoptées depuis 1876, en vue d'améliorer le régime alimentaire des rationnaires de la Marine.

Ce décret comprend, en outre, un certain nombre de dispositions nouvelles tendant au même but.

Il a été élaboré avec le plus grand soin ; il est très précis et me parait répondre à tous les besoins.

Je me borne donc à appeler spécialement votre attention sur les points ci-après :

1º Le décret du 12 juillet fixe à 4 centilitres, dans toutes les positions, la ration de spiritueux, et dispose que cette ration ne sera point allouée aux jeunes gens au-dessous de 18 ans ainsi qu'aux femmes (articles 1, 5 et 29).

Cette mesure a été provoquée par le service médical, qui considère comme très nuisible à la santé l'absorption à jeun d'une dose de 6 centilitres d'alcool (taux de l'ancienne ration à la mer), notamment en ce qui concerne les femmes et les jeunes gens.

La réduction de la ration de spiritueux a, d'ailleurs, été compensée par l'augmentation de la ration de café des services de journalier et de campagne.

Je puis ajouter que très prochainement du tafia d'origine authentique sera substitué à l'eau-de-vie de qualité défectueuse que le commerce livre depuis quelque temps au service des subsistances.

2º Des administrations de bord ont cru parfois qu'il était économique, en raison du bas prix de la viande fraîche dans certains parages, d'en distribuer 6 dîners aux hommes par semaine ; mais on a perdu de vue que, pendant ce temps, les approvisionnements de conserves de bœuf et de lard salé se détérioraient soit à bord, soit dans les magasins, de sorte que la mesure dont il s'agit a été en fait onéreuse pour le Trésor.

Afin de prévenir les détériorations de l'espèce, il a paru opportun de rendre obligatoire chaque semaine, dans les ports et sur les rades à l'extérieur, l'usage d'un dîner en conserves de bœuf ou en lard salé (article 5).

3º L'article 6 autorise, à charge d'en rendre compte au Ministre, les commandants en chef des forces navales et les capitaines des bâtiments à la mer à modifier la ration, eu égard aux nécessités hygiéniques ou en raison du prix de certaines denrées sur les lieux de relâche ou de station.

Dans ce dernier cas on ne devra user qu'avec réserve de la faculté qui est accordée, de manière à ne pas laisser perdre les approvisionnements normaux du service de campagne embarqués pour la nourriture des équipages, ou concentrés sur les points de ravitaillement des bâtiments.

Comme complément des instructions qui précèdent, vous trouverez annexé à la présente circulaire un tableau des délivrances en nature que le service des subsistances effectue au personnel non rationnaire et qui ne figurent point au décret du 12 juillet courant.

Recevez, etc.

Le Ministre de la Marine et des Colonies,
Signé : JAURÉGUIBERRY.

ANNEXE

DE LA CIRCULAIRE DU 19 JUILLET 1880, NOTIFICATIVE DU DÉCRET DU 12 DU MÊME MOIS
SUR LA COMPOSITION DES RATIONS

TABLEAU indiquant, en regard des parties prenantes, la nature et la quotité des délivrances diverses effectuées par le service des subsistances au personnel non rationnaire du département.

DÉSIGNATION DES CATÉGORIES du personnel.	OBJET des DÉLIVRANCES	NATURE des DÉLIVRANCES	QUANTITÉS ALLOUÉES par homme et par jour.	OBSERVATIONS
Personnel ouvrier des ports et établissements hors des ports......	Assainissement de l'eau pendant la saison des chaleurs...........	Café non torréfié..	0 kil. 003 gram.	
Marins vétérans et pompiers.............	Idem	Idem	0 kil. 003 gram.	
Ouvriers employés au courbage à chaud des cornières	Spécial (1)........	Vin de journalier ..	46 centilitres.	(1) Cette délivrance ne peut être allouée pour un autre genre de travail. Il doit être rendu compte au Ministre, dans un état trimestriel, de la quantité et de la valeur des délivrances de l'espèce. (Modèle d'état joint à la circulaire du 19 novembre 1877.)
Buandiers travaillant dans les séchoirs lorsque les feux y sont allumés...........	Assainissement de l'eau en dehors de la saison des chaleurs........	Café non torréfié ..	0 kil. 003 gram.	
Pupilles de la marine..	Délivrance journalière...........	Vin.............	15 centilitres.	

RAPPORT

AU

PRÉSIDENT DE LA RÉPUBLIQUE FRANÇAISE

Paris, le 12 juillet 1880.

MONSIEUR LE PRÉSIDENT,

Les dispositions du décret du 16 décembre 1874, concernant la composition des diverses rations dans le département de la marine, ne sont plus en rapport avec la réalité des faits, car des modifications assez nombreuses ont dû y être apportées successivement et d'urgence par voie de simples décisions ministérielles.

D'autres changements étaient instamment réclamés.

Dans ces conditions, j'ai cru devoir charger une commission spéciale de la préparation d'un nouveau décret destiné à remplacer celui de 1874.

Ce travail, élaboré avec soin, a fait l'objet des délibérations du Conseil d'amirauté. Je l'ai revu moi-même et je le soumets avec confiance à votre haute approbation, car il améliore la ration du marin sans aggraver sensiblement les charges du budget; dans tous les cas, l'application qui en sera faite ne nécessitera aucune demande spéciale de crédit.

Je vous prie d'agéer, Monsieur le Président, l'hommage de mon profond respect.

Le Ministre de la Marine et des Colonies,
Signé : JAURÉGUIBERRY.

APPROUVÉ :
Le Président de la République française,
Signé : JULES GRÉVY.

DÉCRET

LE PRÉSIDENT DE LA RÉPUBLIQUE FRANÇAISE,
Sur le rapport du Ministre de la Marine et des Colonies,
Le Conseil d'amirauté entendu,

DÉCRÈTE :

Les rations et les délivrances hors du service ordinaire en rations, attribuées aux équipages de la flotte, aux troupes de la marine, aux prisonniers de guerre, aux détenus des prisons maritimes et aux condamnés, tant à terre, en France, qu'à bord des bâtiments, seront réglées ainsi qu'il est indiqué ci-après, savoir :

TITRE PREMIER
RATIONS DE MARINS ET AUTRES EMBARQUÉS.

CHAPITRE PREMIER
RATION DE JOURNALIER

ARTICLE PREMIER
Ration de journalier.

Dans les ports et rades de France, la ration dite *de journalier*, à délivrer aux hommes embarqués sur les bâtiments de la flotte, se compose, pour chaque individu, quelle que soit sa qualité à bord, ainsi qu'il suit :

(Voir le tableau page 7.)

ART. 2.
Modifications à la ration de journalier dans certains cas.

Lorsque les circonstances exigent :

1° De remplacer le fromage ou la morue par des légumes secs pour les dîners, les quantités de légumes secs et d'assaisonnements à délivrer sont les mêmes que pour les soupers ;

2° De distribuer seulement du fromage pour les dîners gras ou pour les dîners maigres, la quantité de fromage est de 100 grammes ;

3° De remplacer par du fromage les légumes secs délivrés pour les soupers, la quantité de fromage est de 90 grammes ;

4° De distribuer de la viande fraîche au dîner et au souper, la quantité à accorder pour le souper est de 150 grammes ; cette distribution exceptionnelle donne lieu à une allocation de 1 centime par ration de 150 grammes pour achat de légumes verts ;

5° De remplacer par des fayols les pommes de terre accordées pour les soupers, la quantité de fayols est de 120 grammes.

ART. 3.
Vivres de campagne en journalier.

Lorsque, par suite des nécessités du service, on doit consommer des vivres de campagne, les quantités de denrées et d'assaisonnements sont les mêmes que celles qui sont fixées par l'article 5 du présent décret déterminant la composition de la ration de campagne.

Dans le cas où il y a lieu de délivrer de la choucroute avec de la viande fraîche en remplacement de légumes verts, la quantité de choucroute est de 20 grammes.

S'il est délivré du biscuit à la place de pain frais, aucune allocation pour déchet n'est accordée.

ART. 4.
Denrées de malades à bord des bâtiments vivant en journalier.

Les bâtiments sur rade de France auxquels il est délivré la ration de journalier reçoivent, pour le service des malades, les denrées énoncées à l'article 8 ci-après ; l'approvisionnement à embarquer est calculé pour 10 jours d'après les proportions indiquées à l'article 27 et il est complété à chaque dizaine, s'il y a lieu.

DÉSIGNATION des REPAS	NATURE DES DENRÉES	QUANTITÉS par RATION	DIVISION PAR REPAS			OBSERVATIONS
			DÉJEUNER	DINER	SOUPER	
	Pain frais (A)...............	750 gr.	250 gr.	250 gr.	250 gr.	(1) Les enfants au-dessous de 16 ans, embarqués comme passagers, reçoivent la ration de mousse.
	Vin de journalier (B) { marins..	46 cl.	»	23 cl.	23 cl.	
	{ mousses.	30 cl. (1)	»	15 cl.	15 cl.	
Déjeuner..	Eau-de-vie, rhum ou tafia (B).	4 cl. (2)	4 cl.	»	»	(2) Il n'est pas délivré de spiritueux aux jeunes gens âgés de moins de 18 ans, non plus qu'aux femmes.
	Café...................	24 gr.	24 gr.	»	»	
	Sucre-cassonade...........	25 gr.	25 gr.	»	»	
	No 1. { Viande fraîche (C)..... et	300 gr.	»	300 gr.	»	Les dimanche, mardi, mercredi, jeudi et samedi, dîner No 1.
	{ Légumes verts (D)	0f 02c	»	0f 02c	»	
Diner.....	No 2. { Fromage........... et	80 gr.	»	80 gr.	»	Le lundi, dîner No 2.
	{ Fayols ou pois.......	60 gr.	»	60 gr.	»	
	No 3. Morue...........	120 gr.	»	120 gr.	»	Le vendredi, dîner No 3.
	No 1. { Pommes de terre fraîches et	400 gr.	»	»	400 gr.	Les dimanche, lundi et vendredi, souper No 1.
	{ Légumes verts (D)	0f 01c	»	»	0f 01c	
Souper....	No 2. Fayols............	120 gr.	»	»	120 gr.	2 fois p. semaine, soup. No 2.
	No 3. Lentilles............	100 gr.	»	»	100 gr.	1 fois p. semaine, soup. No 3.
	No 4. Pois	120 gr.	»	»	120 gr.	1 fois p. semaine, soup. No 4.

ASSAISONNEMENTS

	No 1. { »	»		
	{ Beurre............... ou	5 gr.		
Assaisonnements pour diners.....	No 2. { Huile d'olive......... ou	4 gr.	avec diner No 2.......	Le lundi.
	{ Graisse de Normandie..	6 gr.		
	{ Beurre .... ou	30 gr.		
	No 3. { Huile d'olive......... chacun avec	18 gr.	avec diner No 3.......	Le vendredi.
	{ Vinaigre	3 centil.		
	Beurre .... ou	10 gr.		
	Huile d'olive............. ou	8 gr.		
Assaisonnements pour soupers....	Graisse de Normandie....... ou encore	12 gr.	avec chaque souper, soit Nos 1, 2, 3 ou 4..	Chaque jour.
	Graisse de Normandie....... et	8 gr.		
	Gelée de viande........... chacun avec	10 gr.		
	Vinaigre	5 mill.		
Assaisonnements constants	Poivre...............	10 centig.	par jour............	
	Sel...............	22 gr.		

Combustible (voir article 28).

(A) Provenance de farine épurée à 20 0/0.

(B) Il est embarqué, en sus des quantités nécessaires pour constituer la ration de spiritueux et de vin, 3 0/0 en vue de faire face aux déchets de distribution.

(C) Il est alloué 3 0/0 en sus de la quantité de viande fraîche nécessaire pour chaque dîner, afin de couvrir les déchets de distribution.

(D) Ces allocations doivent être abondées de 3 0/0 à l'infini.

CHAPITRE II

RATION DE CAMPAGNE

—

ART. 5.

Ration de campagne.

La ration à la mer, dite *de campagne*, est composée de la manière suivante, pour chaque individu embarqué, quelle que soit sa qualité à bord :

(*Voir le tableau page 9.*)

ART. 6.

Conditions dans lesquelles la ration de campagne peut être modifiée.

Les commandants en chef des forces navales et les capitaines des bâtiments à la mer peuvent modifier la composition de la ration des équipages lorsqu'ils le jugent indispensable, eu égard aux nécessités hygiéniques.

La même faculté leur est accordée lorsque, dans certaines circonstances, il y aurait avantage réel à le faire, en raison de l'état relatif des approvisionnements et du prix des denrées sur les lieux de station ou de relâche. Dans l'un et l'autre cas, ils sont tenus de rendre compte spécialement au Ministre de la nature des modifications, de leur durée et des motifs qui ont nécessité la mesure.

ART. 7.

Modifications à la ration de campagne dans certains cas.

Lorsque les circonstances exigent :

1° De remplacer le fromage ou les sardines par des légumes secs pour les dîners, les quantités de légumes secs et d'assaisonnements à délivrer sont les mêmes que pour les soupers ;

2° De distribuer du fromage ou des sardines pour les dîners gras, ou pour les dîners maigres, la quantité de fromage est de 100 grammes et celle de sardines de 100 grammes ;

3° De remplacer, pour les soupers, les légumes secs ou le riz avec lard par du fromage ou des sardines, la quantité de fromage est de 90 grammes et celle de sardines de 90 grammes ;

4° De délivrer de la viande fraîche au dîner et au souper, la quantité à accorder pour le souper est de 150 grammes. Cette dernière distribution exceptionnelle donne lieu à une allocation de 1 centime et demi pour achat de légumes verts, ou à une délivrance de 9 grammes de légumes desséchés (mélange d'équipage).

DÉSIGNATION des REPAS	NATURE DES DENRÉES	QUANTITÉS par RATION	DÉJEUNER	DINER	SOUPER	OBSERVATIONS
	Pain frais (A)	750 g.(1-2)	250 gr.	250 gr.	250 gr.	(1) En vue de concilier les exigences du service avec le bien-être des hommes, les capitaines sont autorisés à faire délivrer, suivant leur appréciation personnelle des circonstances et des facilités de ravitaillement, deux repas de pain par jour, au maximum.
	ou					
	Biscuit (B)................	550 g.(2)	183 1/3	183 1/3	183 1/3	(2) Les capitaines, sur la proposition des médecins majors, sont autorisés à faire délivrer du pain, toutes les fois que c'est possible, aux hommes ayant une mauvaise denture.
	Vin de campagne (B) { marins.	46 cl.	»	23 cl.	23 cl.	
	{ mousses	30 (3)	»	15	15	(3) Les enfants au-dessous de 16 ans, embarqués comme passagers, reçoivent la ration de mousse.
	Eau-de-vie, rhum ou tafia (B).	4 (4)	4 cl.	»	»	(4) Il n'est pas délivré de spiritueux aux jeunes gens âgés de moins de 18 ans, non plus qu'aux femmes.
Déjeuner..	Café......................	24 gr.	24 gr.	»	»	
	Sucre-cassonade............	25	25	»	»	
	Conserves de bœuf (C). *soit avec*	200	»	200	»	
No 1.	Fayols ou pois........ *soit avec*	60	»	60	»	
	Légumes desséchés (mélange d'équipage) ...	18	»	18	»	Les dimanche, lundi, mardi, mercredi, jeudi et samedi, dîner No 1, ou No 2, ou No 3.
	Lard salé *soit avec*	225	»	225	»	Toutefois, à l'étranger, dans les ports et sur les rades, un dîner en conserves de bœuf ou en lard sera obligatoire par semaine.
No 2.	Fayols ou pois........ *soit avec*	60	»	60	»	
	Légumes desséchés (mélange d'équipage) ...	18	»	18	»	
	Viande fraîche (D)..... *soit avec*	300	»	300	»	
Diner..... No 3.	Légumes verts (D)..... *soit avec*	0f 03c	»	0f 03c	»	
	Légumes desséchés (mélange d'équipage) (E).	18 gr	»	18 gr.	»	
No 4.	Fromage .... *et*	80	»	80	»	
	Fayols................	60	»	60	»	Le vendredi, dîner No 4 ou No 5.
No 5.	Sardines à l'huile ..... *et*	80	»	80	»	
	Fayols................	60	»	60	»	
No 1.	Fayols................	120	»	»	120	4 fois p. semaine, soup. No 1.
No 2.	Pois	120	»	»	120	2 fois p. semaine, soup. No 2.
Souper.... No 3.	Riz................... *et*	80	»	»	80	1 fois par semaine, un jour autre que le vendredi, souper No 3.
	Lard salé.............	80	»	»	80	

	ASSAISONNEMENTS		
Assaisonnements pour dîners	Huile d'olive.............	4 gr	
	ou		Pour les dîners Nos 4 et 5.
	Graisse de Normandie......	6	
	Graine de moutarde	2	Pour le dîner No 2.
	Choucroute...............	20	
	ou		
	Achards (F)	75 décig.	
	avec		
Assaisonnements pour soupers	Huile d'olive	8 gr.	
	ou		Pour les soupers Nos 1 et 2.
	Graisse de Normandie.......	12	
	ou encore		
	Graisse de Normandie......	8 gr.	
	et		
	Gelée de viande............	10	
Assaisonnements constants..	Poivre....................	13 centig.	
	Sel......................	24 gr.	Par jour.
	Vinaigre	8 mill.	

Combustible (voir article No 28).

(A) Provenant de farine d'armement (550 grammes de farine pour 750 grammes de pain). Il est alloué, à titre de déchet de distribution, 3 0/0 en sus des quantités de farine entrant dans la composition de la ration.

(B) Il est alloué, à titre de déchet de distribution, 3 0/0 en sus des quantités de biscuit, de spiritueux et de viande à délivrer.

(C) En aucun cas on ne doit livrer à la consommation des conserves de bœuf provenant de boîtes dont l'ouverture remonterait à plus de 24 heures.

(D) Cette allocation doit être abondée de 3 0/0 à l'infini.

(E) Cette denrée est délivrée en remplac. de légumes verts à la mer, avec la viande provenant d'abatage à bord.

(F) Cet assaisonnement peut être délivré concurremment avec la choucroute, proportions gardées.

CHAPITRE III

RATION DE MALADE A BORD DES BATIMENTS EN COURS DE CAMPAGNE

ART. 8.

Ration de malade.

La ration de malade à bord des bâtiments en cours de campagne est composée ainsi qu'il suit pour deux repas, le dîner et le souper, et un déjeuner facultatif, d'après les prescriptions médicales :

DÉSIGNATION des ALIMENTS	ESPÈCE des UNITÉS	QUANTITÉS À DISTRIBUER PAR REPAS à chaque malade selon les prescriptions du médecin.					QUANTITÉS A ALLOUER en consommation.	OBSERVATIONS
		Portion entière.	Trois quarts de portion.	Demi-portion.	Quart de portion.	Soupe.		
Pain frais (A)....	Grammes.	375	281	187	94	50	550 grammes de farine d'armement p. 750 gr. de pain....	Le pain de soupe des malades à la portion entière, aux trois quarts, à la demie ou au quart de portion, est prélevé sur les quantités prescrites ci-contre. Il en est de même du pain du déjeuner au café, prescrit pour les malades à la demie, au quart de portion ou à la soupe. (1) N'est délivré que sur prescription du médecin major.
Vin de campagne (A)	Centilit.	25	19	13	7	»	Mêmes quantités que celles qui seront distribuées.	
Vin de campagne en bouteilles....	Idem..	»	»	(1)13	(1)7	(1)7		Ce déjeuner n'est délivré que sur prescription du médecin-major.
Café ou café au lait	Grammes.	»	»	24	24	24	Idem..........	Lorsque les approvisionnements le permettent et que le médecin-major le juge utile, il est ajouté 10 grammes de lait concentré au café et il n'est alors délivré que 15 grammes de sucre.
Sucre-cassonade ..	Idem..	»	»	25	25	25		
Viande fraîche, cuite et désossée...	Idem..	140	105	90	60	»	250 gr. de viande fraîche (A) par repas, avec une allocation de 3 ct. net pr achat de légumes verts, quelles que soient les prescriptions	Lorsqu'il est possible de se procurer de la viande fraîche, les malades à la portion entière et aux trois quarts de portion en reçoivent au dîner et au repas du soir; ceux à la moitié et au quart de portion peuvent n'en recevoir qu'au dîner seulement.
Conserves { de bœuf.......	Idem..	140	105	90	»	»	Mêmes quantités que celles qui seront distribuées ..	A délivrer au dîner seulement, à défaut de viande fraîche.
de volailles....	Idem..	»	»	90	60	»		
de haricots verts	Idem..	»	»	150	100	»	30 gr. de gelée de viande pr un bouillon, ou 3gr. d'extrait de viande; à défaut de viande fraîche .	Il n'est délivré qu'un bouillon ou une soupe par repas.
de pois verts...	Idem..	»	»	150	100	»		
Bouillon gras.....	Centilit.	25	25	25	25	25	Idem...........	
Soupes { au pain........	Idem..	25	25	25	25	25	30 grammes de gelée de viande et 10 gr. de riz	Les 30 grammes de gelée de viande ne seront délivrés qu'à défaut de viande fraîche.
au riz........	Idem..	25	25	25	25	25		
à la julienne (au maigre)......	Idem..	25	25	25	25	25	100 grammes de julienne préparée,...	A prescrire en une seule espèce, à chaque repas pour lequel il n'aura pas été ordonné de viande fraîche.
Lait	Idem..	»	»	25	25	»	20 grammes de lait concentré.......	A prescrire en une seule espèce, au souper, aux malades qui ont reçu des viandes préparées au dîner.
Aliments légers { Riz 1er choix...	Grammes.	60	45	30	30	»	Mêmes quantités que celles qui seront distribuées...	Le lait concentré peut aussi être employé pour la préparation du riz ou du tapioca. Dans ce cas, ainsi que lorsqu'il est prescrit seul, il doit être étendu à 20 centilitres d'eau et il n'y est pas fait d'addition de sucre. Le chocolat peut remplacer le bouillon lorsque le médecin le juge convenable, et, dans ce cas, il n'y a lieu de consommer ni viande fraîche, ni gelée de viande, ni julienne.
Chocolat	Idem..	»	»	30	30	»		
Pruneaux......	Idem..	100	100	70	70	»		
Tapioca........	Idem..	»	»	30	30	»		
Gelée de coings.	Idem..	»	»	45	45	»		
Gelée de pommes	Idem..	»	»	45	45	»		
Pommes tapées.	Idem..	»	»	50	50	»		
Assaisonnements { Beurre........	Idem..	15	15	15	15	»	Idem..........	Pour assaisonnement du riz et des pâtes féculentes.
ou Saindoux	Idem..	15	15	15	15	»		
ou Graisse de Normandie	Idem..	10	10	10	10	»	Idem..........	Pour assaisonnement du riz, des pruneaux, des pâtes féculentes et des pommes tapées.
Sucre en pains (lumps)......	Idem..	15	15	15	15	»		

(A) Il est alloué, à titre de déchet de distrib., 3 0/0 en sus des quantités de farine d'armement, de vin et de viande.

CHAPITRE IV

DÉLIVRANCES HORS DU SERVICE ORDINAIRE EN RATIONS

ART. 9.

Vaisseaux-écoles spéciaux.

Le personnel en instruction (instructeurs compris), ainsi que les mousses des vaisseaux-écoles spéciaux, reçoivent un supplément de 125 grammes de pain par jour.

Le vin de campagne est substitué pour eux au vin de journalier.

Il leur est accordé, en outre, six repas de viande fraîche par semaine; le septième repas, celui du vendredi, se compose de fromage avec fayols ou avec pois ou bien de morue (1).

ART. 10.

Dispositions spéciales au vaisseau-école des canonniers.

Il est alloué le vendredi aux apprentis-canonniers du vaisseau-école spécial et à leurs instructeurs, en remplacement de fromage avec fayols ou de sardines à l'huile avec fayols, 225 grammes de lard salé, soit avec 60 grammes de fayols ou de pois, soit avec 18 grammes de légumes desséchés.

Ce personnel reçoit, en outre, pendant la période des exercices, un supplément individuel de 23 centilitres de vin de campagne par jour.

ART. 11.

Personnel de la machine.

Lorsque les feux sont allumés à bord des bâtiments à vapeur, il est accordé à chaque homme du personnel de la machine en service soit devant les feux, soit dans la machine, soit dans les soutes, sans toutefois dépasser l'effectif réglementaire des quarts :

1° Par quart de quatre heures (*tout quart commencé étant réputé terminé*), 23 centilitres de vin et 183 grammes un tiers de biscuit ou 250 grammes de pain;

2° Par jour, une boisson hygiénique étendue d'eau et pour la préparation de laquelle il est alloué 10 grammes de café, 12 grammes et demi de sucre-cassonade et 12 millilitres et demi de spiritueux.

Il n'est délivré de pain que lorsqu'il y a nécessité de ménager l'approvisionnement de biscuit.

Le personnel de la machine reçoit, en outre, par homme et par souper, lorsque la machine a fonctionné dans la journée, ou 60 grammes de lard salé, ou 50 grammes de conserves de bœuf, ou 80 grammes de viande fraîche.

Lorsque le roulement des quarts conduit à couper un quart en deux, chaque quart n'a droit qu'à la moitié de la ration supplémentaire.

La ration supplémentaire est diminuée de moitié lorsque les feux sont restés, par ordre, au fond des fourneaux pendant toute la durée du quart.

ART. 12.

Personnel de la machine en service dans les canots à vapeur.

Les dispositions de l'article 11 sont également applicables au personnel de la machine en service dans les canots à vapeur.

---

(1) Les dispositions de l'article 9 sont applicables à tous les bâtiments-écoles sans distinction. (Circulaire du 7 octobre 1880, *Bull. off.*)

ART. 13.

Hommes pour lesquels la ration réglementaire est reconnue insuffisante.

Les hommes pour lesquels la ration réglementaire n'est pas suffisante reçoive un supplément de 275 grammes de biscuit ou 375 grammes de pain. Toutefois, n'est délivré de pain que lorsqu'il y a nécessité de ménager l'approvisionneme de biscuit.

Le nombre d'hommes auxquels ce supplément peut être alloué ne doit pas excéd le cinquième de l'équipage, l'état-major et les maîtres non compris. Il peut cepe dant être fait exception à cette règle dans des circonstances particulières, dont est rendu compte au Ministre de la marine.

ART. 14.

Suppléments et gratifications de liquides.

Les capitaines des bâtiments sont autorisés à ordonner la distribution de rations supplémentaires de spiritueux ou de vin, à l'occasion des réjouissances publiques. Ces rations ne doivent pas excéder 4 centilitres s'il s'agit de spiritueux, et 23 centilitres s'il s'agit de vin.

Des distributions semblables peuvent être effectuées à la suite de travaux extraordinaires, à propos desquels il peut être également alloué, dans certains cas, des demi-rations de pain et de fromage ou de pain et de sardines.

Les officiers généraux, supérieurs et autres commandant à la mer sont, en outre, autorisés à donner des gratifications de 23 centilitres de vin, à titre de récompense et lors des inspections générales.

Ces délivrances sont exclusives de toute autre ration supplémentaire de liquide.

ART. 15.

Bâtiments en mission à Terre-Neuve ou naviguant dans les mers boréales ou australes.

Il est délivré aux équipages des bâtiments en mission à Terre-Neuve ou naviguant dans les mers boréales ou australes : 1° au delà du 50° degré de latitude nord ; 2° du 45° degré de latitude sud en été (c'est-à-dire du 1er octobre au 1er avril), et du 40° degré en hiver (c'est-à-dire du 1er avril au 1er octobre), un supplément de biscuit qui est fixé à 60 grammes par homme et par jour.

Il sera loisible aux capitaines des bâtiments naviguant dans les parages et latitudes précités de faire délivrer aux hommes qui quittent un des deux quarts de nuit, par gros temps et par une basse température, une boisson composée de 20 centilitres d'eau chaude, de 4 centilitres de spiritueux et de 15 grammes de sucre-cassonade.

ART. 16.

Bâtiments de la station de Terre-Neuve.

Les bâtiments devant former la station de Terre-Neuve reçoivent par homme et *pour la durée de la campagne :*

1 kilogramme de beurre ou 600 grammes d'huile d'olive.

Cette délivrance est effectuée sur un ordre spécial de l'autorité locale dans les ports d'armement ou de départ des bâtiments.

ART. 17.

Bâtiments de la station d'Islande.

Il est alloué aux équipages des bâtiments composant la station d'Islande, par homme et *pour la durée de la campagne :*

30 grammes de thé ;
2 litres de spiritueux ;
1 kilogramme de sucre en pain ;
2 kilogrammes de beurre ou 1 kilogramme 200 grammes d'huile d'olive.
Ces délivrances seront effectuées dans la forme indiquée à l'article précédent.

ART. 18.

Transports et bâtiments de la Cochinchine.

Les transports de la Cochinchine reçoivent, par homme et par jour :

1º Pendant les traversées entre Suez et Saïgon...................	Café............................. 10 gr.	
	Sucre............................ 10 gr.	
	Spiritueux...................... 25 mill.	
2º Pendant les traversées entre Saïgon et Suez........·.......	Thé............................. 4 gr.	
	Sucre........................... 10 gr.	
	Spiritueux...................... 25 mill.	

Cette dernière allocation est attribuée aux bâtiments stationnant dans les eaux de la Basse-Cochinchine.

ART. 19.

Assainissement de l'eau des charniers.

Les équipages des bâtiments stationnant ou naviguant entre les tropiques reçoivent, par homme et par jour, 25 millilitres de spiritueux pour être mêlés à l'eau des charniers.

Une allocation semblable peut être accordée, pendant les grandes chaleurs, aux équipages des bâtiments stationnant ou naviguant en dehors des tropiques. Elle est justifiée par un procès-verbal constatant les circonstances atmosphériques qui l'ont motivée, et doit être supprimée dès que ces circonstances ont cessé d'exister.

ART. 20.

Boisson antiscorbutique.

Il est délivré, pour préparation de boisson antiscorbutique :

1º Aux bâtiments appelés à naviguer ailleurs que sur les côtes de France ou dans la Méditerranée, par 100 hommes et par fraction de 100 hommes et par an, pour la durée de la campagne, 21 kilogrammes de jus de citron et 42 kilogrammes de sucre-cassonade.

2º Aux bâtiments-transports affectés aux voyages entre la France et la Nouvelle-Calédonie et à ceux destinés à faire de longs séjours à la mer, par 100 hommes et fraction de 100 hommes (*équipages et passagers libres ou condamnés*), par période de trente jours, 21 kilogrammes de jus de citron et 42 kilogrammes de sucre-cassonade ; cette allocation ne devant être accordée toutefois que pour une durée de 6 mois par voyage, soit 126 kilogrammes de jus de citron et 252 kilogrammes de sucre-cassonade.

Pour les bâtiments autres que ceux compris au deuxième alinéa ci-dessus, les allocations pourront être augmentées par les préfets maritimes, sauf à en rendre compte au Ministre, soit à raison du temps probable que les bâtiments doivent passer à la mer, sans relâcher, soit à cause de la nature de la campagne.

La boisson antiscorbutique est réglée comme suit dans tous les cas :

14 grammes de jus de citron...................... ⎫
28 grammes de sucre.............................. ⎬ par ration individuelle.
et 112 grammes d'eau............................. ⎭

La délivrance de cette boisson est effectuée conformément aux instructions arrêtées par le Ministre de la marine (1).

ART. 21.

Achats de vivres frais pour les malades.

Les capitaines, sur les propositions écrites des médecins-majors, peuvent autoriser, lorsqu'ils en reconnaissent la nécessité, l'achat de poules, œufs, poissons, légumes et autres vivres frais, pour êtré délivrés aux malades en remplacement des denrées désignées à l'article 8.

Il est rendu compte au Ministre de la marine de ces délivrances exceptionnelles, ainsi que des dépenses qu'elles ont occasionnées.

ART. 22.

Vins à titre de médicaments.

Les médecins-majors peuvent également faire délivrer aux malades, mais à titre de *médicaments*, des vins de Bordeaux, de Marsala et de Banyuls-sur-Mer. A cet effet, il est embarqué par 100 hommes et par an, pour la durée de la campagne :

Huit bouteilles de vin de Bordeaux,
Huit bouteilles de vin de Marsala,
Huit bouteilles de vin de Banyuls-sur-Mer.

ART. 23.

Denrées pour le service de l'hôpital.

Il peut être délivré sur la demande du médecin-major, pour le service de l'hôpital, les denrées ci-après :

Spiritueux pour la préparation d'alcools médicamenteux ;
Vin de campagne pour la préparation de vins médicamenteux ;
Sucre-cassonade ;
Biscuit ou pain pour la confection de cataplasmes.

CHAPITRE V

BASES D'APRÈS LESQUELLES DOIVENT ÊTRE EMBARQUÉS LES VIVRES DE CAMPAGNE

ART. 24.

Quantités de vivres de campagne à embarquer
pour l'approvisionnement des bâtiments.

Les quantités de vivres de campagne à embarquer sur les bâtiments sont calculées d'après les fixations du tableau suivant, qui indique la composition de 1.000 rations complètes, y compris les allocations pour déchets :

---

(1) Circulaire du 22 avril 1874 (*Bull. off.*, page 495).

QUOTITÉ de la RATION individuelle.	DÉSIGNATION DES DENRÉES	QUANTITÉS CORRESPONDANT à 1.000 rations complètes.	PROPORTIONS à OBSERVER pour les distributions réglementaires, par jour ou par semaine.	OBSERVATIONS
0k 550	Biscuit ou pain... { Biscuit	396k 000	2/3	A délivrer chaque jour (y compris 8 0/0 de déchet, dont 3 0/0 comme déchet de distribution).
0 550	Farine d'armement p.pain (A)	198 000	1/3	
0l 04	Boissons { Eau-de-vie, rhum ou tafia	44l 00	»	A délivrer tous les jours.... y compris 10 0/0 du déchet dont 3 0/0 comme déchet de distribution.
0 46	Vin de campagne	506 00	»	
0k 024	Déjeuners... { Café	24k 000	»	A délivrer tous les jours.
0 025	Sucre-cassonade	25 000	»	
0 200	Conserves de bœuf (B).	85 713	3/7	A raison de 3 repas par semaine.
0 225	Lard salé (B) (A)	96 426	3/7	A raison de 3 repas par semaine.
0 080	Fromage	2 857	1/28	A raison d'un repas par semaine....... { 1 vendredi sur 4.
0 080	Diners. { Sardines à l'huile	8 571	3/28	3 vendredis sur 4.
0 018	Légumes desséchés	2 571	1/7	Lorsqu'il est délivré de la viande fraîche, et qu'on ne peut se procurer des légumes verts.
0 018	Demi-soupe { Légumes desséchés	7 713	3/7	A raison de trois fois par semaine avec les conserves de bœuf.
0 060	Légumes secs... { Fayols	25 713	3/7	A raison de 3 fois par semaine, dont..... { 2 avec le lard salé, 1 avec fromage ou sardines
0 060	Pois	8 571	1/7	A raison d'une fois par semaine, avec le lard salé.
0 120	Légumes secs { Fayols	68 568	4/7	A raison de 4 fois par semaine.
0 120	Pois	34 284	2/7	A raison de 2 fois par semaine.
0 080	Soupers { Riz avec	11 428	1/7	A raison d'une fois par semaine au même repas.
0 080	Lard salé	11 428	1/7	
0 020	Choucroute ou	17 142	6/7	A raison de 6 fois par semaine avec les légumes secs au souper.
0 0075	Achards	6 428		
0 008	Huile d'olive. { 3k 426..	3 711	3/7	A raison de 3 fois par semaine avec les légumes secs au souper.
0 004	0 285..		1/14	A raison d'un vendredi sur deux, avec les fayols qui accompagnent le fromage au dîner.
0 012	Assaisonnements. { Graisse de Normandie.... { 5 142..	5 570	3/7	A raison de 3 fois par semaine, avec les légumes secs au souper.
0 006	0 428..		1/14	A raison d'un vendredi sur deux, avec les fayols qui accompagnent les sardines au dîner.
0 010	Gelée de viande	»	»	Sera embarqué, s'il en existe au port d'armement, en remplacement d'une certaine quantité de graisse de Normandie et dans la proportion de 10 gr. p. 4 gr. de graisse de Normandie.
0 002	Graine de moutarde	0 857	3/7	A raison de 3 fois par semaine, avec le lard salé.
0 000 13	Poivre	0 130	»	
0 024	Sel	24 000	»	A délivrer tous les jours.
0l 008	Vinaigre	8l 00	»	

(A) Cette proportion ne pourra être modifiée que sur l'autorisation spéciale du Ministre (1).

(B) Sur les rades étrangères, alors même que l'on pourrait se procurer de la viande fraîche à des prix convenables, un dîner, soit de lard, soit de conserves de bœuf, sera obligatoirement délivré chaque semaine.

(1) Les propositions de modification devront être justifiées par la nature de la campagne ou par des circonstances spéciales. (Circulaire du 4 octobre 1880, N° 50.)

ART. 25.

Quantités de vivres de campagne à embarquer pour les délivrances hors du service ordinaire en rations.

Les quantités de vivres de campagne à embarquer sur les bâtiments pour délivrances hors du service ordinaire en rations sont calculées d'après les indications suivantes :

| QUOTITÉ DE LA RATION PAR HOMME | | | DÉSIGNATION des DENRÉES | QUANTITÉS de denrées A EMBARQUER | OBSERVATIONS |
par jour.	pour la durée de la campagne.	par repas.			
»	»	0l 23	Vin de campagne..	L'approvisionnement sera déterminé dans la prévision de 6 jours de chauffe par mois, en prenant pour bases : 1° Le nombre de rationnaires appartenant au personnel de la machine; 2° Le nombre de mois de l'approvisionnement de vivres de campagne …	Au personnel de la machine, dans certains cas. (Art. 11 et 12 du décret.)
»	»	0k 183 1/3	Biscuit.......... ou		
»	»	0 183 1/3	Farine d'armement.		
0k 010	»	»	Café		
0 0125	»	»	Sucre-cassonade....		
0l 0125	»	»	Spiritueux		
0k 060	»	»	Lard salé ou		
0 050	»	»	Conserves de bœuf.		
0 275	»	»	Biscuit)..........	L'autorité locale du port d'armement ou de départ du bâtiment déterminera les quantités à embarquer d'après la durée présumée de la campagne	Aux hommes atteints de boulimie. (Art. 13 du décret.)
0l 04	»	»	Spiritueux ou	Seront pris sur l'approvisionnement du bord …	Aux équipages à l'occasion de réjouissances publiques ou de travaux extraordinaires et pour récompense. (Art. 14 du décret.)
0 23	»	»	Vin de campagne..		
0k 060	»	»	Biscuit	L'autorité locale du port d'armement ou de départ du bâtiment déterminera les quantités à embarquer d'après la durée présumée de la campagne.	Aux équipages des bâtiments en mission à Terre-Neuve ou naviguant dans les mers boréales ou australes. (Art. 15 du décret.)
»	»	»	Spiritueux		
»	»	»	Sucre		
»	1k 000	»	Beurre ou	Idem …	Aux équipages des bâtiments en station à Terre-Neuve. (Art. 16 du décret.)
»	0 600	»	Huile d'olive		
»	0 030	»	Thé	Idem.	Aux équipages des bâtiments composant la station d'Islande. (Art. 17 du décret.)
»	2l 00	»	Spiritueux		
»	1k 000	»	Sucre en pain		
»	2 000	»	Beurre ou		
»	1 200	»	Huile d'olive		
0 010	»	»	Café	L'autorité locale déterminera les quantités à embarquer ……… Le thé ne sera embarqué qu'en Cochinchine ….	Aux bâtiments faisant les traversées entre Suez et Saïgon, et réciproquement, ou à ceux stationnés dans les eaux de la Basse-Cochinchine. (Article 18 du décret.)
0 004	»	»	Thé		
0 010	»	»	Sucre-cassonade		
0l 025	»	»	Spiritueux		
0 025	»	»	Eau-de-vie, rhum ou tafia..........	L'autorité locale déterminera les quantités à embarquer d'après la durée présumée de la campagne …	Aux équipages des bâtiments naviguant entre les tropiques ou aux équipages des bâtiments naviguant en dehors des tropiques pendant les grandes chaleurs. (Art. 19 du décret.)
»	21 kil. par 100 hommes.	»	Jus de citron	Cette quantité sera embarquée par an, si la durée de la campagne dépasse une année ….	Aux équipages appelés à naviguer ailleurs que sur les côtes de France et dans la Méditerranée. (Art. 20 du décret.)
»	42 kil. par 100 hommes.	»	Sucre-cassonade)		
»	126 kil. par 100 hommes.	»	Jus de citron	Quantité fixe …….	Aux bâtiments-transports affectés aux voyages entre la France et la Nouvelle-Calédonie, et à ceux destinés à faire de longs séjours à la mer. (Art. 20 du décret.)
»	252 kil. par 100 hommes.	»	Sucre-cassonade		

Nota. Il est embarqué, pour déchets, 8 0/0 en sus des quantités de biscuit et de farine d'armement, et 10 0/0 en sus des quantités de vin et de spiritueux.

ART. 26.

Nombre de mois de vivres à embarquer pour le service des malades.

Le nombre de mois de vivres à embarquer pour la nourriture des malades (*sauf en ce qui concerne les aliments à délivrer hors du service ordinaire en rations*) est le même que celui des mois de vivres de campagne. Cependant si ce dernier nombre excède trois mois, il en est référé au Ministre de la marine.

ART. 27.

Quantités de denrées à embarquer pour le service des malades.

Les espèces et les quantités de denrées, ainsi que les proportions dans lesquelles doit s'effectuer leur embarquement, sont réglées comme il suit :

DÉSIGNATION DES DENRÉES	ESPÈCE DES UNITÉS	QUANTITÉ PAR MOIS pour 100 hommes.	OBSERVATIONS
1° RATION DE MALADE (1).			(A) En cours de campagne, on achètera, à défaut de gelée de viande et de viande fraîche, de l'extrait de viande en quantité suffisante pour assurer le service dans les conditions indiquées à l'article 8.
Vin de campagne en bouteilles....................	Litre..	20ˡ 00	
Bouillons ou potages. { Gelée de viande (A)..........	Kilogr.	2ᵏ 000	
Bouillons ou potages. { Julienne au maigre...........	Idem..	2 000	
Conserves de volailles.....................	Idem..	2 000	
Conserves de haricots verts	Idem..	2 000	
Conserves de pois verts....................	Idem..	2 000	
Aliments légers ..... { Riz (1ᵉʳ choix).............	Idem..	6 000	
Aliments légers ..... { Chocolat....................	Idem..	0 600	
Aliments légers ..... { Pruneaux	Idem..	2 000	
Aliments légers ..... { Tapioca....................	Idem..	0 300	
Aliments légers ..... { Gelée de pommes...........	Idem..	0 700	
Aliments légers ..... { Gelée de coings............	Idem..	0 700	
Aliments légers ..... { Pommes tapées............	Idem..	2 000	
Assaisonnements .... { Beurre	Idem..	0 500	
Assaisonnements .... { Saindoux..................	Idem..	0 500	
Assaisonnements .... { Lait concentré.............	Idem..	1 500	
Assaisonnements .... { Sucre en pain (lumps)........	Idem..	0 700	
2° DÉLIVRANCES HORS DU SERVICE EN RATIONS		QUANTITÉS PAR AN, pour 100 hommes, et pour la durée de la campagne.	
Vins fins........... { de Bordeaux.................	Bouteille	8	
Vins fins........... { de Marsala...................	Idem..	8	
Vins fins........... { de Banyuls-sur-Mer..........	Idem..	8	

(1) Les vivres communs au service des malades et au service de campagne, tels que le pain frais, la farine, le vin et la viande fraîche, les conserves de bœuf, la graisse de Normandie et le sucre-cassonade, devront être prélevés sur l'approvisionnement du bord.

ART. 28.

Quantités de combustible à embarquer.

Les quantités de bois et de charbon à embarquer pour la cuisson des aliments et le service des cuisines distillatoires sont fixées de la manière suivante :

CUISINES DES ÉQUIPAGES	QUANTITÉS À EMBARQUER par mois.		OBSERVATIONS
	Bois.	Charbon.	
1.200 rationnaires..................	5.950^k	7.930^k	NOTA. Si l'effectif des rationnaires est supérieur à 1,200, il est embarqué en plus :
1.100 rationnaires et plus.....	5.600	7.460	1° 300 kilogr. de bois.
1.000 *idem*.................	5.230	6.970	2° 400 kilogr. de charbon par 100 hommes et par mois.
900 *idem*.................	4.840	6.450	Il n'est pas interdit de remplacer le charbon par le bois, et *vice versa*, lorsque cette mesure est nécessitée par l'état des approvisionnements ou les convenances du service.
800 *idem*.................	4.430	5.900	
700 *idem*.................	4.000	5.330	
600 *idem*.................	3.550	4.730	
500 *idem*.................	3.080	4.100	Dans les cas de l'espèce, la ration de charbon sera de la moitié du poids de la ration réglementaire de bois et, réciproquement, les fixations pour le bois s'élèveront du double des fixations correspondantes en charbon.
400 *idem*.................	2.590	3.450	
300 *idem*.................	2.080	2.770	
200 *idem*.................	1.550	2.060	
100 *idem*.................	1.000	1.340	
70 à 99 rationnaires.......	800	1.060	
50 à 69 *idem*............	700	930	
10 à 49 *idem*............	600	800	
Moins de 10 rationnaires par 100 rations.................	150	200	

CUISINES DISTILLATOIRES.

		Charbon.	
1re Grandeur....................................		2.400	
2e *idem*..		1.800	

CUISINES DES TABLES

		Charbon.	
1re Grandeur....................................		1.590	
2e *idem*..		750	
3e *idem*..		660	
4e *idem*..		600	
5e *idem*..		480	
6e *idem*..		450	

TITRE II

RATION DE MARIN A TERRE

ART. 29.

Ration de marin à terre.

La ration des officiers-mariniers, quartiers-maîtres, marins et autres employés à terre est composée de la manière suivante :

DÉSIGNATION des REPAS	NATURE DES DENRÉES	QUANTITÉS par RATION	DIVISION PAR REPAS Déjeuner.	Dîner.	Souper.	OBSERVATIONS
Déjeuner	Pain frais (A)	750 gr.	250 gr.	250 gr.	250 gr.	
	Vin de journalier (B) { marins	0l 23	»	0l 23	»	
	Vin de journalier (B) { mousses	0 15	»	0 15	»	
	Eau-de-vie, rhum ou tafia (B)	0 04(1)	0l 04	»	»	(1) Il n'est pas délivré de spiritueux aux jeunes gens âgés de moins de 18 ans.
	Café	20 gr.	20 gr.	»	»	
	Sucre-cassonade	25	25	»	»	
Diner	No 1. { Viande fraîche (C) avec	300	»	300 gr.	»	Les dimanche, mardi, jeudi et samedi, dîner No 1.
	Légumes verts (D)	0f 02c	»	0f 02c	»	
	No 2. { Fromage avec	80 gr.	»	80 gr.	»	
	Fayols	60	»	60	»	Les lundi, mercredi et vendredi, dîner N 2o ou No 3.
	No 3. Morue	120	»	120	»	
Souper	No 1. { Pommes de terre fraîches avec	400	»	»	400	Dans la proportion de 3/7.
	Légumes verts (D)	0f 04c	»	»	0f 04c	Dans la proportion de 2/7.
	No 2. Fayols	120 gr.	»	»	120 gr.	
	No 3. Lentilles	100	»	»	100	Dans la proportion de 1/7.
	No 4. Pois	120	»	»	120	

ASSAISONNEMENTS

Assaisonnements pour diners	No 1.	»	»	
	{ Beurre	5 gr.		
	No 2. { ou Huile d'olive	4	avec dîner No 2.	
	{ ou Graisse de Normandie	6		
	{ Beurre	30		
	No 3. { ou Huile d'olive	18	avec dîner No 3.	
	{ chacun avec Vinaigre	3 contil.		
Assaisonnements pour soupers	Beurre	10 gr.	avec chaque souper, soit No 1, No 2, No 3 ou No 4.	chaque jour.
	ou Huile d'olive	8		
	ou Graisse de Normandie	12		
	chacun avec Vinaigre	5 mill.		
Assaisonnements constants	Poivre	10 centig.	par jour.	
	Sel	22 gr.		

LUMINAIRE (Par cambuse et par mois.)	CHERBOURG	BREST	LORIENT	ROCHEFORT	TOULON
Bougie { du 1er avril au 1er septembre.	6k	8k	6k	4k	4k
{ du 1er septembre au 1er avril.	10	16	12	5	8

COMBUSTIBLE

Les quantités de bois et de charbon à délivrer sont basées sur celles déterminées par l'article 28, en les diminuant d'un cinquième.

(A) Provenant de farine épurée à 20 0/0.
(B) Il est alloué, à titre de déchet, 3 0/0 en sus des quantités de spiritueux et de vin à délivrer.
(C) Il est alloué, à titre de déchet, 3 0/0 en sus des quantités de viande fraîche à distribuer.
(D) Ces allocations doivent être abondées de 3 0/0 à l'infini.

ART. 30.

Dispositions applicables à la ration de marin à terre.

Les dispositions de l'article 2 (§§ 1, 4 et 5) et celles de l'article 3 du présent décret sont applicables aux rations des officiers-mariniers, quartiers-maîtres, marins et autres employés à terre.

ART. 31.

Dépôts et bataillons des marins fusiliers.

Les officiers-mariniers, quartiers-maîtres et marins, lorsqu'ils font partie des dépôts et des bataillons d'apprentis-fusiliers, reçoivent, pendant la période d'instruction :
1° Un supplément de 125 grammes de pain par jour ;
2° 23 centilitres de vin au souper ;
3° Six repas de viande fraîche par semaine ; le repas du vendredi est composé soit de morue, soit de fromage avec fayols.

ART. 32.

Réservistes, instructeurs compris.

Les officiers-mariniers, quartiers-maîtres et marins détachés dans les compagnies de réservistes, ainsi que les réservistes, reçoivent, pendant la période d'instruction :
1° Un supplément de 125 grammes de pain par jour ;
2° Six repas de viande fraîche par semaine ; le repas du vendredi est composé soit de morue, soit de fromage avec fayols.

ART. 33 (1).

Marins voyageant en détachement par les chemins de fer.

Les officiers-mariniers, quartiers-maîtres, marins et autres, voyageant en détachement par les chemins de fer, reçoivent par jour une ration composée de 750 grammes de pain et de 250 grammes de fromage.

Cette ration est allouée depuis le jour du départ jusqu'à celui de l'arrivée à destination.

ART. 34.

Marins traités à l'infirmerie des divisions des équipages de la flotte.

Les officiers-mariniers, quartiers-maîtres et marins traités à l'infirmerie des divisions des équipages de la flotte reçoivent la ration déterminée à l'article 29 du présent décret. Toutefois, il leur est accordé sept repas de viande fraîche par semaine.

ART. 35.

Suppléments de liquides accordés aux marins des divisions des équipages de la flotte.

A l'occasion des réjouissances publiques et dans des cas exceptionnels, tels que : incendie, sauvetage, travail de nuit, travail du scaphandre, après une demi-heure d'exercice, il peut être délivré aux officiers-mariniers, quartiers-maîtres et marins des divisions des équipages de la flotte une ration supplémentaire de spiritueux ou de vin. Cette ration ne doit pas excéder 4 centilitres, s'il s'agit de spiritueux, et 23 centilitres s'il s'agit de vin.

Les préfets maritimes, commandants en chef, les inspecteurs généraux, les

---

(1) Indépendamment de cette ration, il est accordé aux marins voyageant en détachement par les voies ferrées une allocation de 50 centimes en hiver et de 30 centimes en été, par homme et par jour, pour la durée du trajet.
Ce supplément est imputable au chapitre « Frais de voyage, etc. »

majors généraux et les majors de la flotte sont autorisés, en outre, à accorder la même ration supplémentaire à la suite d'inspections générales ou particulières.

ART. 36.

Spiritueux pour assainir l'eau pendant la saison des chaleurs.

Il est fait aux officiers-mariniers, quartiers-maîtres, marins et autres, pendant la saison des chaleurs et dans les conditions déterminées par l'article 151 du décret du 11 août 1856, des distributions journalières de spiritueux pour assainir l'eau qu'ils boivent.

La quantité de spiritueux à allouer à cet effet est de 25 millilitres par homme et par jour.

TITRE III

RATIONS DE TROUPES

CHAPITRE PREMIER

RATIONS DES TROUPES D'ARTILLERIE ET D'INFANTERIE DE MARINE A TERRE EN FRANCE

ART. 37.

Corps de troupes de la marine.

Les sous-officiers, brigadiers, caporaux, soldats et enfants de troupe d'artillerie et d'infanterie de marine ont droit à une ration composée :

1º Pour chaque jour, de : 750 grammes de pain (provenant de farine épurée à 20 p. 0/0) et 300 grammes de viande fraîche ;

2º Un jour sur deux, de : 9 gr. 5 de café et 10 gr. 5 de sucre (le second jour étant au compte des ordinaires).

Cette ration est aussi accordée aux enfants de troupe de la gendarmerie maritime.

Il est alloué aux troupes, à titre de déchet, 3 p. 0/0 en sus des quantités de viande fraîche à distribuer.

ART. 38.

Troupes détachées dans les forts ou batteries.

La ration des troupes détachées dans les forts ou batteries est composée ainsi qu'il suit:

Pain d'équipage ou de troupe	750gr00	
Viande fraîche (avec allocation de 3 p. 0/0)	300 00	
ou		
Lard salé	225 00	
ou		
Conserves de bœuf	200 00	
Légumes secs. { Fayols	120 00	par homme
ou		et
Pois	120 00	par jour.
ou		
Lentilles	100 00	
Café	9 50	
Sucre	10 50	
Sel	22	
Bois à brûler. { du 1er mai au 1er octobre	1k600	
du 1er octobre au 1er mai	3k200	

ART. 39.

Sous-officiers, caporaux et soldats faisant partie des bataillons d'apprentis-fusiliers

Lorsqu'ils font partie des bataillons d'apprentis-fusiliers, les sous-officiers, caporaux et soldats reçoivent la même ration que les officiers-mariniers, quartiers-maîtres et marins de ces bataillons.

Il leur est fait application des articles 29, 30 et 31 du présent décret.

ART. 40.

Sous-officiers, brigadiers et artilleurs détachés à Gavres.

Les sous-officiers, brigadiers et artilleurs de la marine détachés à Gavres pour le service de la commission d'expériences de tir, reçoivent un supplément de 4 centilitres de spiritueux au déjeuner et de 23 centilitres de vin au dîner.

ART. 41.

Suppléments de liquides accordés aux troupes.

Les inspecteurs généraux, lors de leurs inspections annuelles, et les majors généraux, lors de leurs inspections trimestrielles, sont autorisés à faire délivrer aux troupes une ration supplémentaire de 23 centilitres de vin.

Cette ration supplémentaire peut être accordée à l'occasion des réjouissances publiques (1).

CHAPITRE II

RATION DES TROUPES EMBARQUÉES

ART. 42.

Troupes embarquées.

La ration des troupes embarquées est la même que celle délivrée aux équipages.

TITRE IV

RATIONS DE PRISONNIERS DE GUERRE

CHAPITRE PREMIER

RATION DES PRISONNIERS DE GUERRE A TERRE ET A BORD DES BATIMENTS DANS LES PORTS ET RADES DE FRANCE

ART. 43.

Prisonniers de guerre à terre et à bord des bâtiments dans les ports et rades de France.

La ration des prisonniers de guerre, soit à bord des bâtiments dans les ports et rades de France, soit à terre, est composée pour chaque homme, sans distinction de grade, conformément aux dispositions des articles 1er et 29 du présent décret ; toutefois, il n'est pas délivré de spiritueux aux prisonniers de guerre, et il ne leur est alloué, à bord comme à terre, qu'une ration de vin de 23 centilitres au dîner.

ART. 44.

Dispositions applicables à la ration des prisonniers de guerre.

Les dispositions de l'article 2 (§§ 1, 2, 3 et 4) et de l'article 3 du présent décret sont applicables à la ration des prisonniers de guerre.

CHAPITRE II

RATION DES PRISONNIERS DE GUERRE A LA MER

ART. 45.

Prisonniers de guerre à la mer.

La ration des prisonniers de guerre à la mer est composée de la même manière que la ration dite *de campagne*, déterminée par l'article 5 du présent décret ; toutefois, il n'est délivré ni spiritueux au déjeuner ni vin au souper.

---

(1) Indemnité pour l'assainissement de l'eau potable pendant la saison des chaleurs. (Tarif N° 36, annexé à la circulaire du 26 mai 1879, *Bull. off.*, p. 1050.)

TITRE V

RATION DE DÉTENUS DANS LES PRISONS MARITIMES

ART. 46.

Détenus des prisons maritimes.

La ration des détenus dans les prisons maritimes est composée de la manière suivante, pour chaque individu, quelle que soit sa qualité :

DÉSIGNATION des REPAS	NATURE DES DENRÉES	QUANTITÉS par RATION	DIVISION PAR REPAS			OBSERVATIONS
			Déjeuner	Dîner	Souper	
	Pain frais (A)	750 gr.	250 gr.	250 gr.	250 gr.	
Dîner	Nº 1. Viande fraîche (B) avec	250	»	250	»	Les dimanche, mardi, jeudi et samedi.
	Légumes verts (C)	0ᶠ0165ᶜ	»	0ᶠ0165ᶜ	»	
	Fromage	45 gr.	»	45 gr.	»	
	soit avec					
	Nº 2. Fayols	60	»	60	»	Les lundi, mercredi et vendredi.
	soit avec					
	Pois	60	»	60	»	
	soit avec					
	Lentilles	50	»	50	»	
	Nº 3. Morue	120	»	120	»	
	Fromage	45	»	»	45	
	soit avec					
	Nº 1. Fayols	60	»	»	60	Les lundi, mercredi et vendredi.
	soit avec					
	Pois	60	»	»	60	
	soit avec					
Souper	Lentilles	50	»	»	50	
	Nº 2. Fayols	120	»	»	120	Les dimanche, mardi, jeudi et samedi.
	Nº 3. Pois	120	»	»	120	
	Nº 4. Lentilles	100	»	»	100	
	ASSAISONNEMENTS.					
	Nº 1. »	»				
Assaisonnements pour dîners	Nº 2. Beurre	5 gr.		avec dîner Nº 2.		
	ou Huile d'olive	4				
	ou Graisse de Normandie.	6				
	Nº 3. Beurre	30		avec dîner Nº 3.		
	ou Huile d'olive	18				
	chacun avec Vinaigre	3 centl.				
	Nº 1. Beurre	5 gr.		avec souper Nº 1.		
	ou Huile d'olive	4				
	ou Graisse de Normandie.	6				
Assaisonnements pour soupers	Nº 2. Beurre	10		avec souper Nº 2, ou Nº 3, ou Nº 4.		
	ou Nº 3. Huile d'olive					
	ou Nº 4. Graisse de Normandie.					
	chacun avec Vinaigre	5 mill.				
Assaisonnements constants	Sel	22 gr.		par jour.		

[COMBUSTIBLE

Les quantités de bois et de charbon à délivrer sont basées sur celles déterminées par l'art. 28 en les diminuant d'un cinquième.

NOTA. Les légumes secs sont délivrés dans les proportions suivantes.......... } Fayols, 4 fois par semaine.............. / Pois, 2 fois *idem*.................... / Lentilles, 1 fois *idem*............. } Ils seront d'une seule espèce pour la même journée.

(A) Provenant de farine épurée à 20 p. 0/0.
(B) Il est alloué, à titre de déchet, 3 0/0 en sus des quantités de viande fraîche à distribuer.
(C) Cette allocation doit être abondée de 3 p. 0/0 à l'infini.

ART. 47.

Dispositions applicables à la ration des détenus.

Les dispositions de l'article 2 (§§ 1° et 4) et celles de l'article 3 du présent décret sont applicables à la ration des détenus.

ART. 48.

Détenus pour lesquels la ration réglementaire est reconnue insuffisante.

Le Commissaire aux hôpitaux et prisons peut faire accorder exceptionnellement aux hommes pour lesquels la ration réglementaire est insuffisante les suppléments de pain et de biscuit déterminés par le Médecin de la prison. Ces suppléments ne peuvent dépasser 275 grammes de biscuit ou 375 grammes de pain par jour; la concession en est limitée au cinquième de l'effectif des détenus.

ART. 49.

Régime alimentaire de certaines catégories de détenus.

Les détenus punis de la cellule ou de privation du temps de repos et ceux qui se refusent au travail ne reçoivent que la ration de pain ; toutefois, cette ration peut être augmentée de 250 grammes pour les détenus qui sortent de la cellule à l'effet d'exécuter certains travaux de propreté.

ART. 50.

Café pour assainir l'eau pendant la saison des chaleurs.

Chaque année, pendant la saison des chaleurs, les détenus reçoivent des distributions journalières de café pour assainir l'eau qu'ils boivent.

La quantité de café à allouer est de 3 grammes par détenu et par jour.

La durée de ces distributions est déterminée dans les formes prescrites pour les autres catégories du personnel à terre.

ART. 51.

Détenus employés à des travaux de force à l'extérieur.

Les détenus de la maison de correction qui sont employés à des travaux de force à l'extérieur peuvent recevoir, par journée de travail, une ration de vin de 23 centilitres.

Cette allocation est réduite à 12 centilitres pour les hommes qui n'ont été employés aux travaux que pendant une partie de la journée.

TITRE VI

RATION A LA MER DES CONDAMNÉS

ART. 52.

Ration à la mer des condamnés.

La ration à la mer des condamnés est composée de la même manière que la ration dite *de campagne* déterminée par l'article 5 du présent décret, mais elle ne comprend ni spiritueux au déjeuner ni vin au souper.

ART. 53.

Abrogation des dispositions antérieures.

Toutes les dispositions antérieures, relatives à la composition des rations et des délivrances hors du service ordinaire en rations, sont et demeurent abrogées en ce qu'elles ont de contraire au présent décret.

ART. 54.

Exécution du décret.

Le Ministre de la Marine et de Colonies est chargé de l'exécution du présent décret, qui sera mis en vigueur à compter du 1ᵉʳ août 1880.

Fait à Paris, le 12 juillet 1880.

Signé : JULES GRÉVY.

Par le Président de la République :

Le Ministre de la Marine et des Colonies,

Signé : JAURÈGUIBERRY.

TABLE DES ARTICLES

<table>
<tr><td>NUMÉROS des ARTICLES</td><td>DÉTAIL DES ARTICLES</td></tr>
</table>

NUMÉROS des ARTICLES	DÉTAIL DES ARTICLES

NUMÉROS des ARTICLES	DÉTAIL DES ARTICLES

Bar-le-Duc. — Typ. Schorderet et Cⁱᵉ — 1592.

CHALLAMEL AINÉ, LIBRAIRIE COLONIALE

5, rue Jacob et rue Furstenberg, 2

Almanach du Marin et de la France maritime, paraissant tous les ans, avec l'approbation et sous le patronage de M. le Ministre de la Marine et des Colonies. In-18, prix .... » 50

franco poste » 60

Annuaire des Marées des côtes de France pour 1886 (et années suivantes), par HATT, ingénieur hydrographe du Dépôt des Cartes et Plans de la marine. In-18, prix .... 1 »

Recueil de documents relatifs aux Capitaines de Commerce (officiel) *contenant les programmes d'examens*. In-8 .... » 75

Carnet de chargement. In-18, cartonné (Le Hâvre)..................... » 75

Journal de bord conforme à la décision du 4 février 1874 et au N° 1153 de la nomenclature ministérielle (pour trois mois), in-folio, cartonné............ 6 »

Notice sur le corps des équipages de la flotte et les diverses iustructions qui concourent au recrutement et à la formation des spécialités dont il se compose. Broché .... » 75

Ephémérides astronomiques, maritimes, par E. DUBOIS, examinateur de la marine. 1 vol. in-12 (parait tous les ans).... .... 1 50

Primes à la navigation. *Registre des traversées et déclarations d'armement,* précédé de la loi du 29 janvier 1881 sur la marine marchande, du décret du 17 août 1881 et de la circulaire ministérielle du 26 août 1881...................... 3 »

Règlement sur le service des feux, les signaux à faire et les manœuvres à exécuter à bord des bâtiments de l'Etat et du Commerce *pour prévenir les abordages*. In-18... » 50

Code international des signaux à l'usage des bâtiments de toutes les nations. 1 vol. gr. in-8, relié toile... 5 »

Règlements et renseignements utiles aux Capitaines et aux officiers de la marine marchande. 1 vol. in-18 (Le Hâvre), cartonné..................... 1 50

Instruction médicale pour MM. les Capitaines de navire qui n'embarquent pas de chirurgiens, par M. de KÉRAUDREN, médecin des armées navales. In-8... » 60

Instruction médicale pour les Capitaines et les patrons des navires qui font la pêche d'Islande. Redigée par le conseil supérieur de santé de la marine. Approuvée par Son Excellence M. l'Amiral RIGAULT DE GENOUILLY, sénateur, ancien ministre de la marine. Broché, in-8... » 60

Procès-verbal de visite du coffre de médicaments et ustensiles pour les navires sur lesquels il n'est pas embarqué de chirurgien. Exécution de l'ordonnance royale du 1 août 1819 modifiée sur la circulaire du 15 octobre 1874. In-4°.... » 30

CARTES & PLANS DU DÉPOT DE LA MARINE & DE LA GUERRE

Bar-le-Duc. — Typ. Schorderet et C° — 1592.